Christel Claudius

Wachsarbeiten

Urania-Ravensburger

Alle in diesem Buch veröffentlichten Abbildungen und Modelle sind urheberrechtlich geschützt und dürfen nur mit ausdrücklicher schriftlicher Genehmigung des Verlages und der Urheber gewerblich genutzt werden.

Die Deutsche Bibliothek – CIP – Einheitsaufnahme
Wachsarbeiten / Christel Claudius. –
Berlin : Urania-Ravensburger, 1998
ISBN 3-332-00697-5

Fotos: Alfred Meyer
Illustrationen: Christel Claudius
Satz: E. Weishaupt, Meckenbeuren
Gesamtherstellung: Magdeburger Druckerei
Printed in Germany
01 00 99 98 4 3 2 1
ISBN 3-332-00697-5

Inhalt

5 *Einleitung*

7 *Kleine Materialkunde*

9 *Wachskochen*

11 *Wachsfärben*

13 *Wachsgießen*
14 Anhänger
15 Reliefbilder oder Model
20 Reliefs aus Linol

21 *Patinieren und Bemalen*

25 *Kerzengießen*
28 Kerzenherstellung
34 Schichtkerze
35 Schwimmkerze
35 Kuchenkerze
38 Sternkerze
42 Sandkerze
44 Mantelkerze
46 Kerzen glasieren, tauchen, bemalen, strukturieren

47 *Verzierwachs*
50 Formen ausstechen
50 Formen mit dem Messer schneiden
51 Formen mit der Schere schneiden
51 Formen vorzeichnen
51 Formschablonen
52 Wachsdekor

55 *Modellierwachs*
58 Blütenkerze
60 Früchtekranz
63 Tannenbaumanhänger

Einleitung

Wachs ist ein uraltes Werkmaterial, das auch heute noch seinen Reiz hat, da es viele schöne Gestaltungsmöglichkeiten bietet. Eben diese Vielseitigkeit macht die Arbeit mit Wachs so faszinierend. Es kann seine Konsistenz ändern und jede Form annehmen, es läßt sich farblich verändern und ist brennbar.
Das Licht einer Kerze strahlt Wärme und Ruhe aus, und eine selbstgemachte Kerze wirkt durch ihre besondere Form, Farbe und Struktur ganz individuell. Aber nicht nur zum Kerzenmachen wird Wachs verwendet, man kann auch sehr schöne, exakte Reliefbilder oder ornamentale Model daraus gießen. Dekorativer Schmuck, besonders für Kerzen, läßt sich aus Wachsfolie oder Modellierwachs herstellen.
Schon die Römer beherrschten die Kunst der Kerzenherstellung. Sie umwickelten einen Docht mit geschmeidigem Wachs und rollten mit den Händen eine Kerze. Später zogen sie den Docht durch flüssiges Wachs, so entstanden die ersten Kerzen durch Wachsziehen.

Im Mittelalter wurden die Kerzen aus kostbarem Bienenwachs hergestellt und das Kerzengießen in geschnitzten Holzformen wurde erfunden. Es entstanden auch reichverzierte Hohlformen für Kelche oder dekorative Reliefs.
Später wurden die Kerzen bunt bemalt, mit Ornamenten versehen oder mit einem Relief ummantelt. Im vorigen Jahrhundert kamen andere Kerzenmaterialien wie Paraffin und Stearin auf, die noch heute, in einer Mischung, das Material für industriell gefertigte Kerzen sind. Neben der Kerzenherstellung hat sich auch die volkstümliche Kunst des Wachsgießens in Model erhalten; es gibt Reliefs und Wachsornamente, die bemalt oder mit Patina versehen werden.
Wie man mit Wachs Reliefs, Model und Kerzen herstellt und schmückt, soll dieses Buch zeigen. Es soll dem Anfänger die Technik ein wenig nahebringen, Spaß an der Arbeit mit Wachs vermitteln und die Phantasie und Experimentierfreude anregen.

Kleine Materialkunde

Für die verschiedenen Wachsarbeiten – Relief- und Kerzengießen, Wachsmodellieren und das Schmücken von Kerzen – braucht man ganz unterschiedliche Wachssorten. Für Reliefbilder und Wachsmodel nimmt man ein spezielles Reliefwachs, während man zum Kerzengießen gemischtes Gießwachs braucht. Geübte Kerzenmacher stellen sich ihre eigene Mischung aus Paraffin, Stearin und Kristallinwachs her. Es sollen hier aber nur die Arten aufgeführt werden, die man fertig kaufen kann. Zum Verzieren von Kerzen gibt es Wachsfolien und Wachsdekor; zum Gestalten von Figuren, Ornamenten und als Kerzenschmuck nimmt man Modellierwachs.
Außerdem gibt es noch verschiedene Farben und Pulver zum Einfärben, Bemalen und Verzieren.

Reliefwachs

Extra hartes, geschmeidiges Wachs, das nach Bienenwachs duftet. Es eignet sich für das Gießen von Reliefs, Modeln und Kerzenmänteln und ist in Rot, Braun, Naturgelb, Elfenbein und Rosa erhältlich. Schmelzpunkt bei 74°.

Gießwachs

Eine Mischung aus Wachsgranulat, Stearin und anderen Hart- und Edelwachsen. Es wirkt leicht transparent und ist in Natur und Rot erhältlich. Schmelzpunkt bei 56°.

Wachsgranulat

Weißes, transparentes Wachs, das gut für die Kerzenherstellung geeignet ist. Es kann eingefärbt und als Tauchwachs verwendet werden.

Kerzengießwachs

Eine Mischung aus Wachsgranulat und Stearin, besonders geeignet für die Kerzenherstellung, da es länger brennt als Wachsgranulat. Man erhält es als Pulver, Granulat oder in Tafel- und Blockform.

Wachsfarbpigmente

Zum Einfärben von Wachs in Stäbchen- oder Tablettenform. Wachsfarbpigmente sind in vielen Farbtönen erhältlich. Ein Pigment reicht für ca. 500 g Wachs. Es lassen sich auch Mischtöne herstellen.

Kerzenfärbewachs
Intensiv färbendes Wachs in Stäbchenform, das nur für das Einfärben von Kerzen geeignet ist. Es gibt einige Grundfarben, die untereinander mischbar sind. Ein Stäbchen reicht für ca. 1000 g.

Patinierpulver
Ein leicht lösliches Pulver, das zum Patinieren mit Wachsmalvernetzer flüssig gemacht wird. Es ist in Schwarz, Braun, Ocker und Rot erhältlich.

Bronzierpulver
Ein feines Pulver zum Bronzieren von Wachsornamenten. Es wird mit der Fingerkuppe auf die Teile aufgerieben, die sich dekorativ hervorheben sollen. Das Pulver gibt es in mehreren Metalltönen.

Wachsmalfarbe
Lichtechte, mattglänzende Farbe zum Bemalen von Kerzen, Reliefs und Modeln. Es gibt viele klare Farben, die untereinander mischbar sind.

Wachsmalvernetzer
Lösungsmittel für Patinierpulver und zum Verdünnen von Wachsmalfarbe.

Wachsfolien
Hauchdünne, geschmeidige Folien in vielen, leuchtenden Farben zum Verzieren von Kerzen. Sie lassen sich wie Papier schneiden und haften gut auf dem Wachsuntergrund.

Wachsdekor
Kleine, vorgestanzte Wachsornamente, die direkt auf Kerzen geklebt werden können.

Modellierwachs
Sehr weiches, extrem geschmeidiges Wachs aus Paraffin und Bienenwachs zum Modellieren von Figuren, Ornamenten und Kerzenschmuck.

Klebwachs
Zum Ankleben von Wachsteilen und Ornamenten auf Wachs und vor allem auf anderen Untergrund wie Holz oder Stoff. Auch zum Abdichten oder Befestigen eines Dochtes beim Kerzengießen ist es gut geeignet. Geschmolzen läßt es sich mit dem Pinsel auftragen.

Wachskochen

Materialien
Wachs
Stieltopf
Konservendosen
Topflappen
Stab zum Umrühren
Messer
Folie und Zeitungspapier
Thermometer für
hohe Grade

Zum Gießen verwendet man Gießwachs oder Kerzengießwachs, ungefärbt, farbig oder selbst eingefärbt.
Das Wachs wird in einer Dose im Wasserbad geschmolzen. Erst wenn es flüssig ist, wird die Temperatur mit dem Thermometer geprüft und das Wachs in die Form gegossen. Das Wachs ist erst hart, wenn es vollkommen erkaltet ist.
Der beste Arbeitsplatz ist in der Küche . Gegen Wachsflecke sollte alles gut mit Papier abgedeckt sein. Das Wachs nie direkt erhitzen, da es leicht brennt.

Die Arbeitsfläche neben dem Herd abdecken, Wachs, Dosen, Thermometer, Stab, Messer und Topflappen bereitlegen. Wachsplatten in Stücke zerteilen.

Wasser im Stieltopf erhitzen. Wachsflocken oder Stücke im Wasserbad schmelzen. Dabei beachten, daß kein Wasser ins Wachs kommt, um gefährliche Spritzer und Löcher im erkalteten Wachs zu vermeiden.

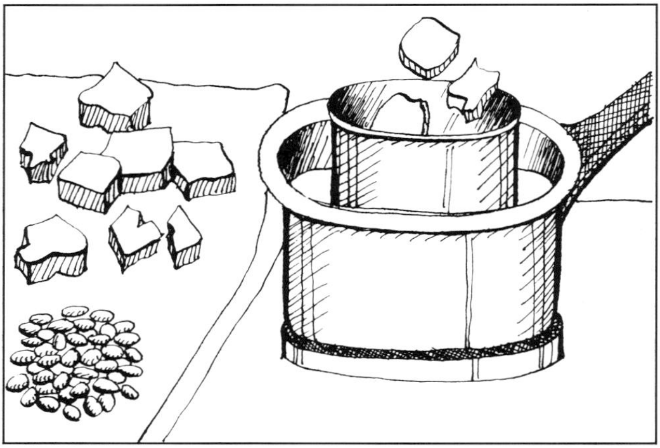

Das Wachs heiß und flüssig werden lassen und mit dem Stab umrühren. Dabei die Dose mit dem Topflappen festhalten. Mit dem Thermometer die Temperatur prüfen.

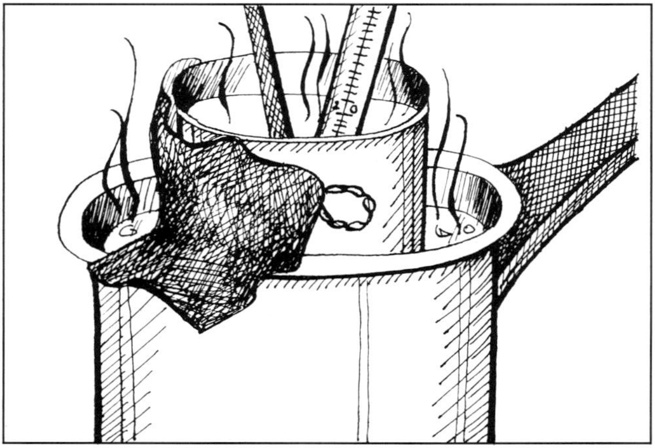

Wachsfärben

Materialien
farbloses Wachs
Wachsfärbemittel
Material zum
Wachskochen

Ungefärbtes Wachs kann man beliebig einfärben. Entweder verwendet man dazu Wachsfarbpigmente oder Kerzenfärbewachs in Stäbchen- oder Tablettenform. Die Farben werden in das heiße, geschmolzene Wachs gegeben. Man sollte stets mit einer kleinen Menge beginnen, da sie sehr intensiv einfärben. Je intensiver die Färbung werden soll, desto mehr Farbe muß zugegeben werden. Experimentieren Sie ruhig ein wenig. Mit alten Wachsresten kann dem Wachs zusätzlich eine andere Tönung gegeben werden.

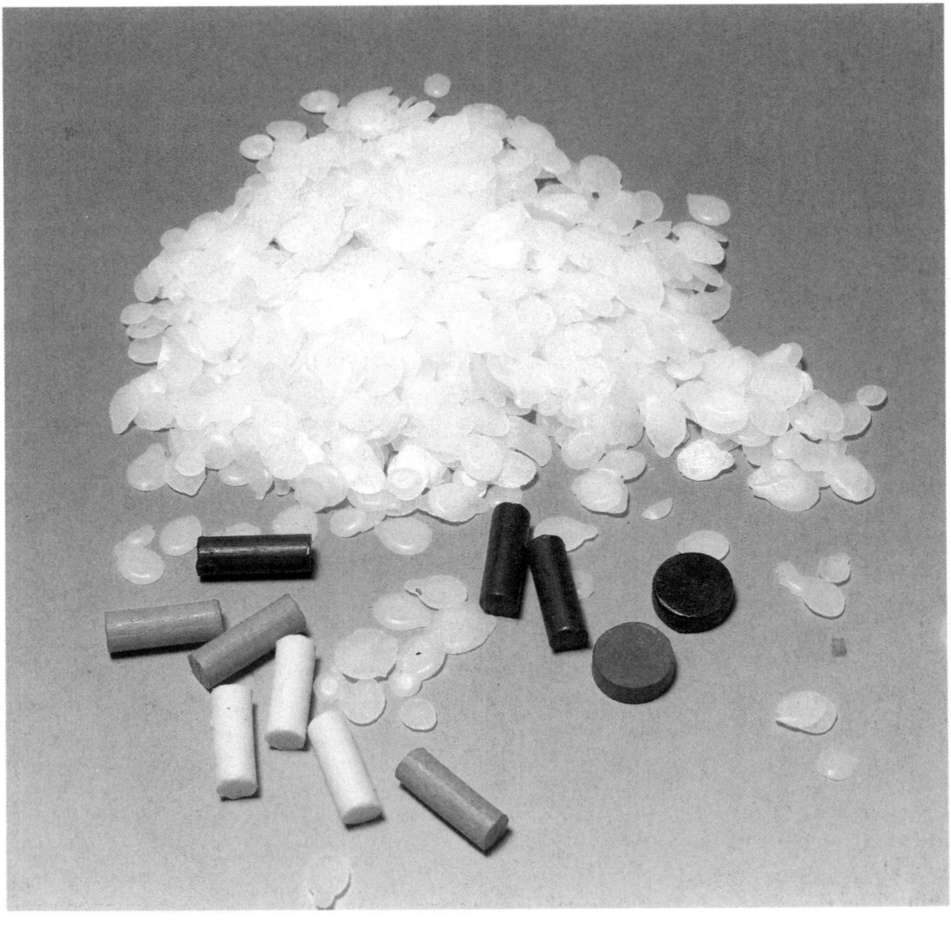

Mehrere Dosen bereitstellen, um viel Wachs auf einmal einfärben zu können. Farbloses Wachs im Wasserbad flüssig werden lassen. Dann ein wenig von dem Stäbchen oder der Tablette abschneiden und zu dem Wachs geben, mit dem Stab umrühren.

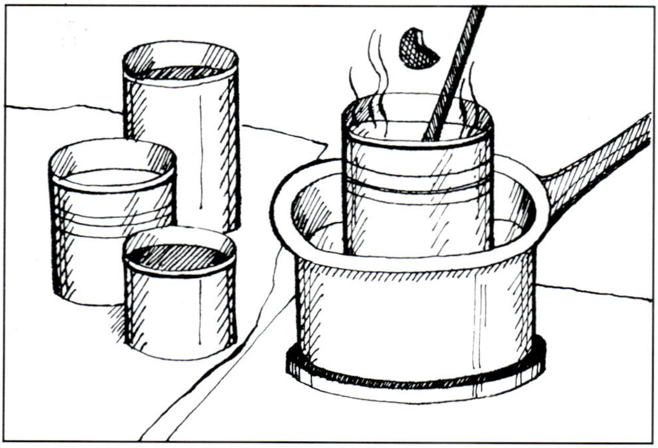

Es ist ratsam, das Färben mit einer ganz kleinen Dosis zu beginnen, um zu prüfen, wie intensiv sich das Wachs einfärbt. Mit nur wenig Färbemittel erhält man Pastelltöne, je mehr man hinzufügt, um so kräftiger wird die Farbe. Durch Mischen ergeben sich aus den klaren Farben leuchtende Abstufungen, aus den gebrochenen eher stumpfe Tönungen.
Da das geschmolzene Wachs farblich anders aussieht als das erkaltete, sollte man die Farbe testen. Dazu tropft man etwas Wachs auf ein weißes Papier, läßt es abkühlen und erhält so einen Eindruck vom Färbeergebnis.

Wachsgießen

Materialien
Gießwachs
Material zum Wachskochen
Gießformen
Schöpfkelle
Speiseöl oder Trennspray
Backpinsel
Folie

Heißes, flüssiges Wachs kann man in Reliefformen und Model gießen, es nimmt jede Form und jedes Muster ganz exakt an, wenn es erstarrt.
Geeignet sind Formen aus biegsamem Kunststoff, Holzmodel, aber auch Ausstecher. Sie gibt es in großer Auswahl für die Weihnachtsbäckerei.
Man kann solche Formen auch selbst herstellen. Sehr wichtig ist es, die Gießform dünn mit Öl auszupinseln oder mit einem Trennmittel zu besprühen, damit sich das Wachs nach dem Erkalten gut aus der Form löst.

Anhänger

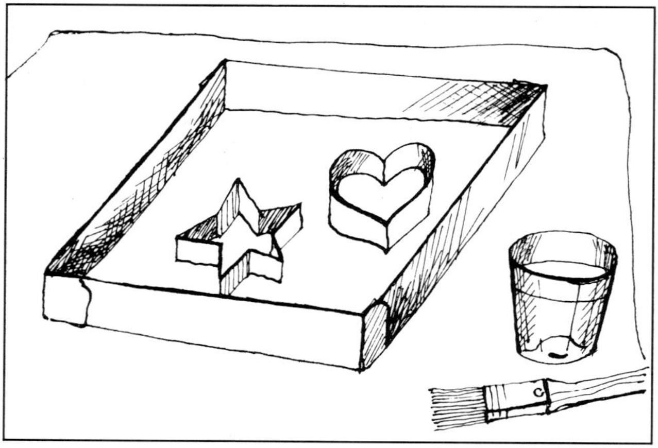

Auf der Arbeitsfläche neben dem Herd Alufolie glatt auslegen und am Rand hochbiegen. Ausstecher innen dünn mit Öl auspinseln und auf die Folie legen. Der untere Rand muß dabei genau mit der Folie abschließen.

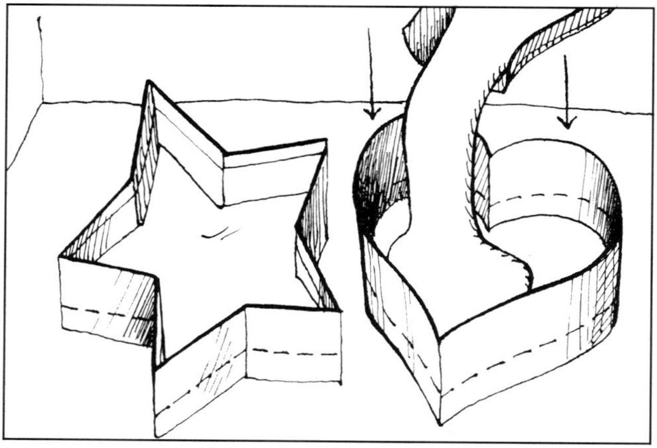

Wachs in der Dose im Wasserbad flüssig werden lassen und etwas in die Schöpfkelle umfüllen. Mit der Kelle das Wachs vorsichtig in die Form gießen, so daß der Boden bedeckt ist. Dabei die Form fest an den Untergrund drücken, damit kein Wachs ausläuft.

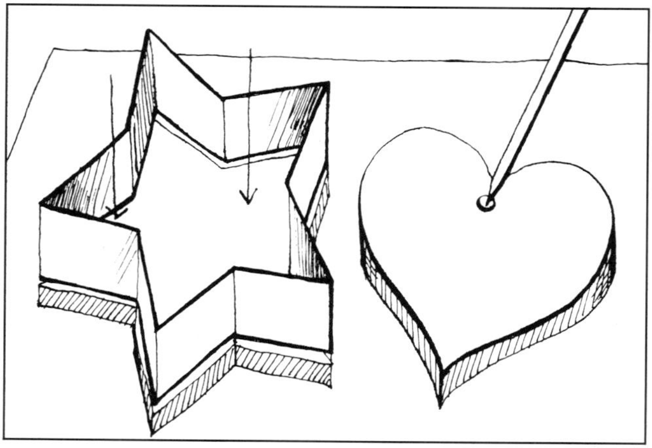

Wenn das Wachs völlig erstarrt ist, die Anhänger von oben nach unten aus der Form drücken. Damit die Formen aufgehängt werden können, bohrt man oben ein Loch. Dazu taucht man eine Stricknadel in heißes Wasser und bohrt damit das Loch ins Wachs. Zum Schluß einen passenden Faden durchziehen.

Reliefbilder oder Model

Ein Relief aus Kunststoff oder einen Holzmodel dünn mit Öl bepinseln und auf eine waagerechte Arbeitsfläche stellen. Die Form am Rand eventuell mit Streichholzschachteln unterstützen, damit sie nicht kippt.

Reliefwachs in einer Dose im Wasserbad erhitzen. Wenn es völlig aufgelöst ist, aus dem Wasser nehmen und etwas abkühlen lassen. Nochmals umrühren. Das Wachs vorsichtig aus der Dose, bei Modeln mit einer Kelle, in die Form gießen.

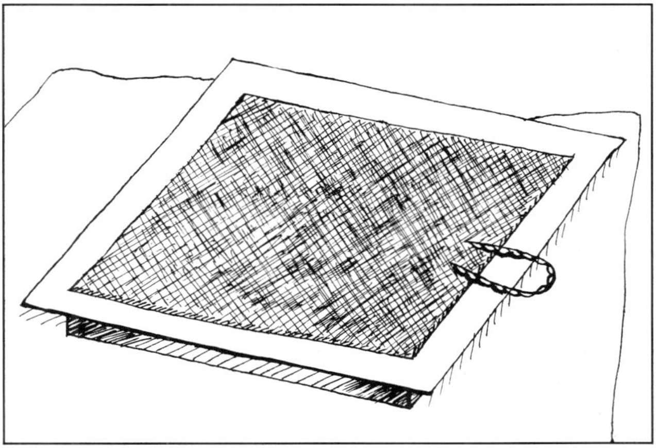

Das Wachs erkalten lassen. Zum schnelleren Abkühlen kann man die Form auch in eine Schale mit kaltem Wasser legen. Möchte man eine Kordel zum Aufhängen anbringen, legt man einen Plombenanhänger am Rand in das noch weiche Wachs.

Bunte Anhänger

Kleine Model

Ist das Wachs völlig erkaltet, läßt sich das Relief aus der Form lösen. Dazu die Form mit der Rückseite auf den Untergrund legen, wobei man sie mit einer Hand hält und mit der anderen von den Ecken her vorsichtig abhebt.

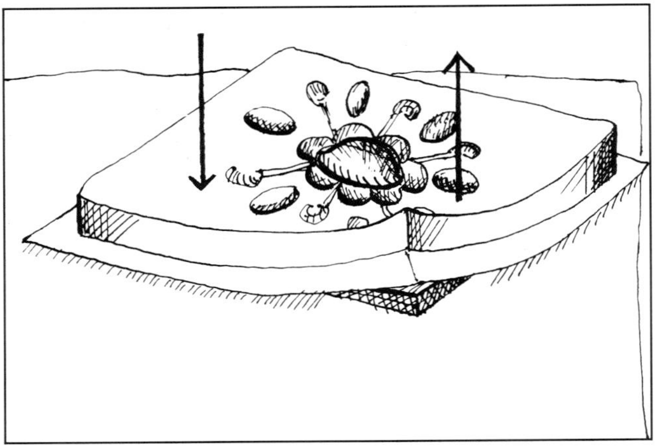

Bei starren Holzmodeln muß man das abgekühlte, aber noch warme, biegsame Wachs von den Ecken her ganz langsam aus der Form hochbiegen und abrollen. Zum endgültigen Abkühlen flach auf einen glatten Untergrund legen.

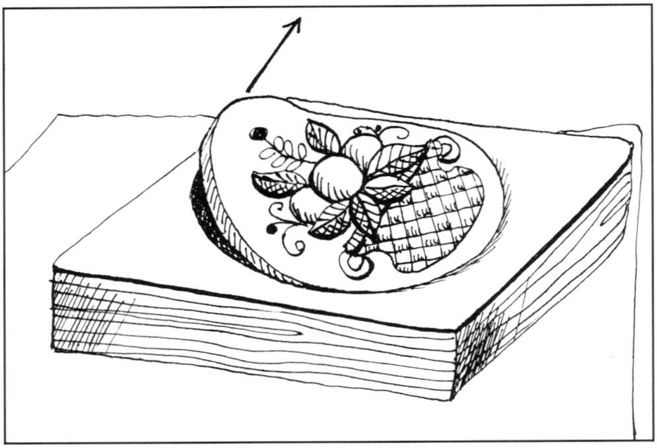

Löcher zum Aufhängen lassen sich mit einer in heißem Wasser erhitzten Stricknadel in die Wachsplatte bohren.

Reliefbild

Reliefs aus Linol

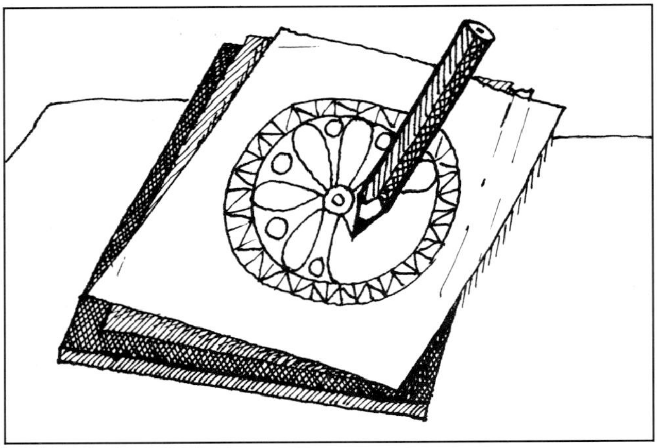

Auf einem weißen Papier ein Muster entwerfen und auf Transparentpapier übertragen oder ein vorhandenes Muster durchzeichnen. Das Transparentpapier auf ein Stück Linol legen und das Muster mit Kohlepapier aufpausen.

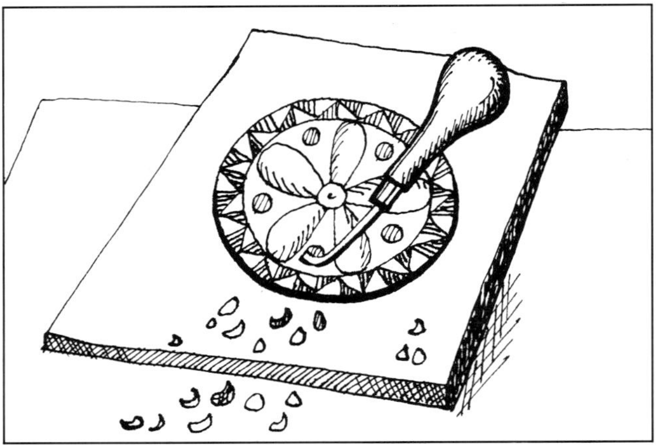

Das Muster mit Linolschnittmessern herausschneiden. Mit einem spitzen Messer die Linien nachziehen, mit einem breiteren Messer die Flächen herausholen. Dabei beachten, daß später beim Abguß die Tiefen erhaben sein werden.

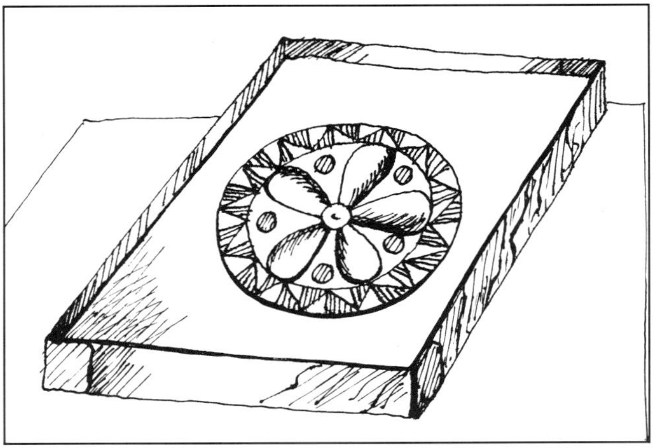

Die Linolform auf ein Stück Alufolie legen, die dann zu einem Rand als Formabschluß hochgebogen wird. Dazu die Folie senkrecht hochstellen und direkt am Linolrand wieder zurückschlagen. Alle Ecken und Rundungen biegen, damit die Form abschließt.

Patinieren und Bemalen

Materialien
Patinierpulver
Bronzierpulver
Wachsmalfarbe
Wachsmalvernetzer
Pinsel
Lappen
Papier

Gegossene Reliefbilder, Model und Ornamente können durch Patinieren, Bronzieren oder Bemalen noch wirkungsvoller gestaltet werden.
Durch das Patinieren erscheinen die Vertiefungen eines Wachsabgusses dunkler, das Muster wirkt viel plastischer, es bekommt einen antiken Charakter.
Beim Bronzieren kommen die erhabenen Ornamente durch einen matten Metallglanz zur Geltung.
Mit Wachsmalfarben läßt sich ein Relief bunt verzieren und bemalen.

Patinieren

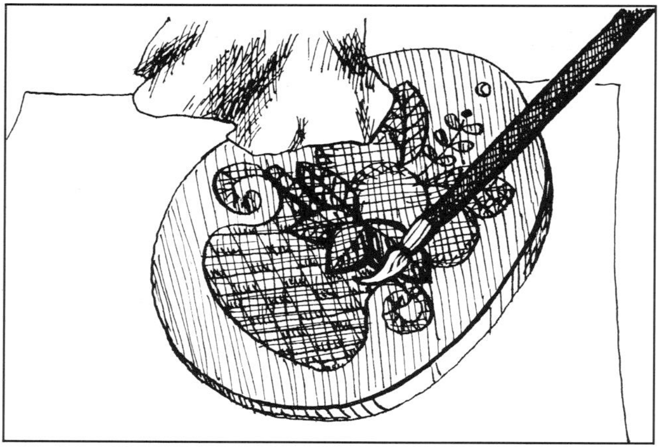

Patinierpulver und Vernetzer mit einem Pinsel vermischen und auf das Wachs auftragen, bis die Oberfläche grau aussieht. Einen Lappen mit Vernetzer anfeuchten und das Pulver so wieder abwischen, daß nur in den Vertiefungen Patina stehenbleibt.

Bronzieren

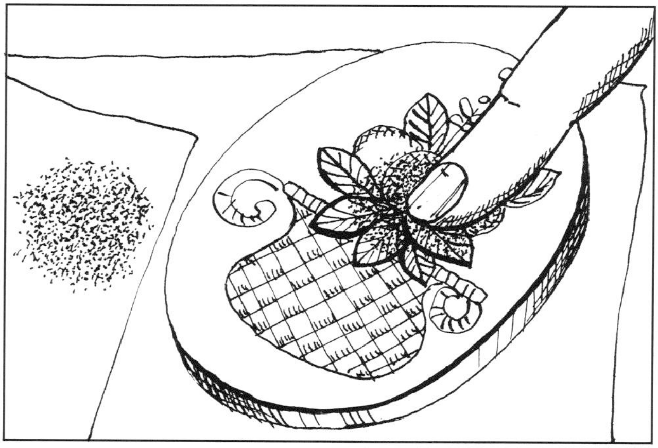

Etwas Bronzierpulver auf die Fingerkuppe nehmen und auf einem Papier verreiben. Das am Finger haftende Pulver wird fest auf die Wachserhebungen gerieben, bis es gut haftet und das Muster sich plastisch hervorhebt.

Bemalen

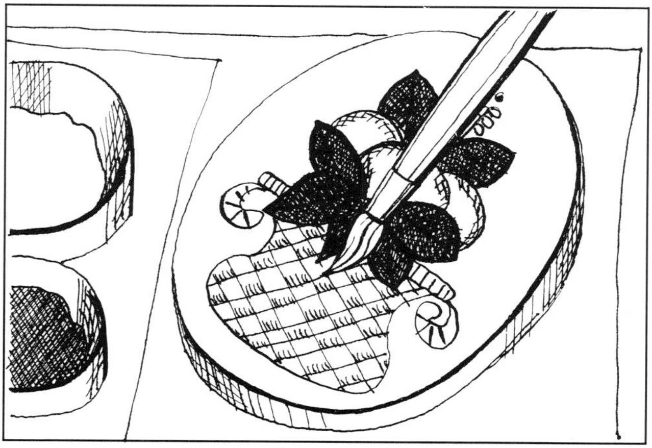

Die Wachsmalfarbe mit einem feinen Pinsel auf weißes oder helles Wachs malen. Zum Verzieren nimmt man entweder klare, bunte oder durch Mischen farblich abgestimmte Farben. Mit Wachsmalvernetzer können die Farben transparent verdünnt werden.

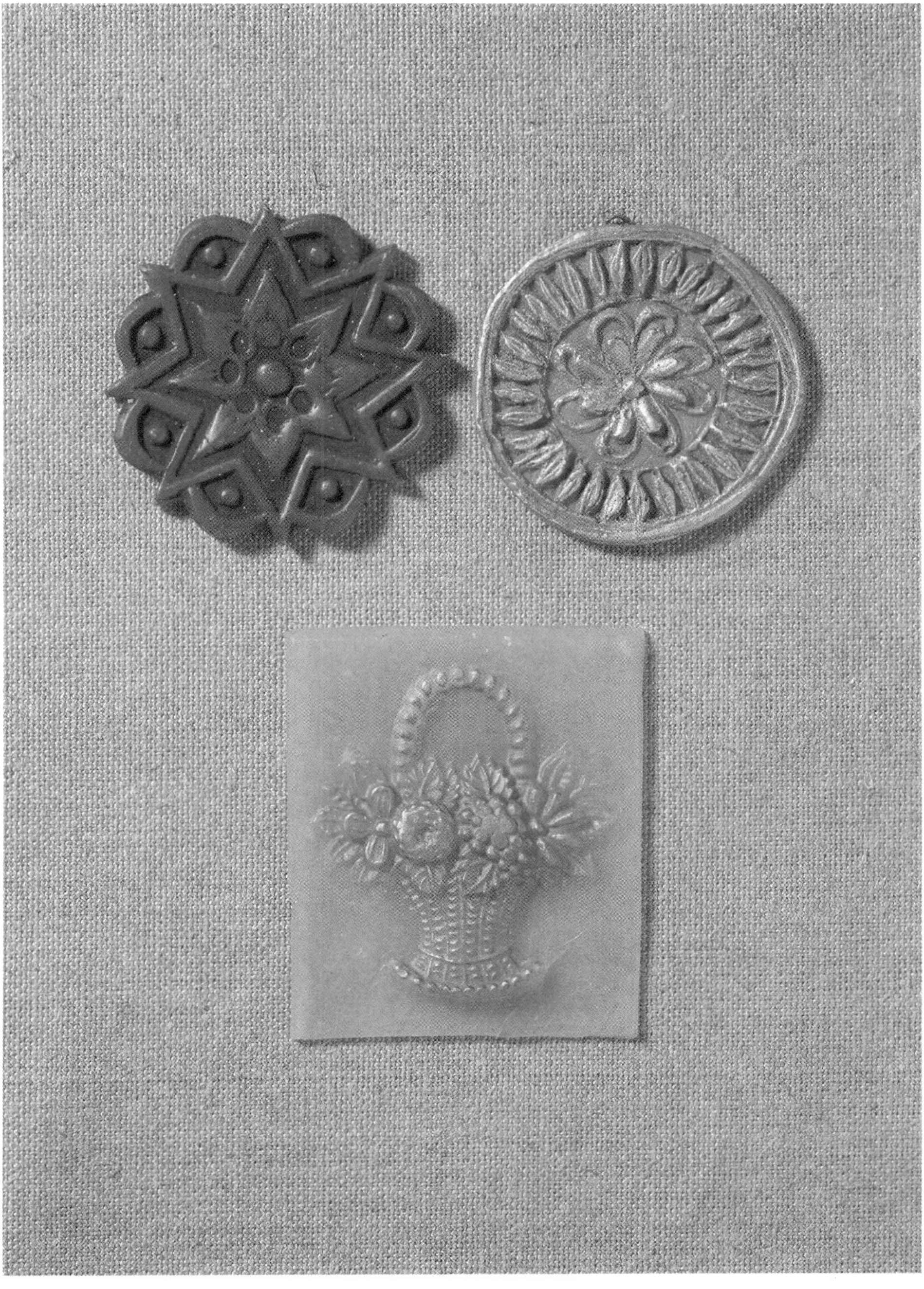

Verzierte Model

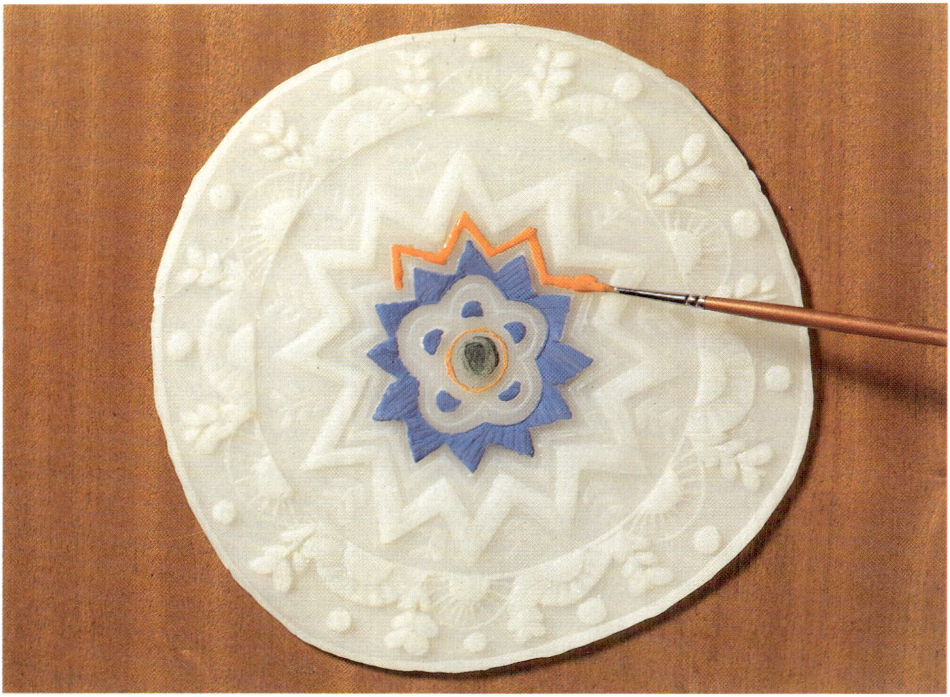

Bemalte Reliefs

Kerzengießen

Materialien

Kerzengießwachs
Gießformen und Dochte
Material fürs Wachskochen
Stäbchen, Speiseöl
Pinsel
Milchdosenöffner
Hammer und Schere
Folie oder Zeitungspapier
Klebwachs

Außer Kerzengießwachs und allen Utensilien fürs Wachskochen braucht man Kerzengießformen, die es in vielen dekorativen Formen gibt. Man kann auch Dosen, Röhren und Kuchenformen nehmen oder Kerzen in Sand gießen, ummanteln, tauchen und bemalen. Außerdem braucht man Dochte, Stäbchen zum Befestigen des Dochtes, Speiseöl als Trennmittel, Pinsel und Schere, einen Milchdosenöffner und Hammer zum Lochstechen, Klebwachs zum Abdichten und eventuell ein Thermometer.

Kerzengießwachs

Zum Kerzengießen braucht man Kerzengießwachs. Man besorgt sich am besten gleich eine größere Menge davon in verschiedenen Farben. Natürlich kann man es auch selbst einfärben. Als Anhaltspunkt für die benötigte Menge dient das Gewicht einer vorhandenen Kerze. Das Kerzengießwachs schmilzt bei ca. 56°, gegossen wird es bei ca. 80°. Es empfiehlt sich, ein Thermometer mit hoher Temperaturanzeige zu besorgen. Am Anfang kann man aber auch so experimentieren. Das Wachs hat die richtige Temperatur, wenn es geschmolzen noch etwas weiterkocht. Bevor es am Rand wieder abkühlt, wird es in die Form gegossen.

Kerzengießform

Außer Wachs benötigt man Kerzengießformen, die im Handel in vielen Größen und Ausführungen, aus Kunststoff oder Metall, erhältlich sind. Wie schon erwähnt eignen sich auch Behälter aus dem Haushalt wie Konservendosen, Kuchenformen, Pappröhren, Gläser oder jede beliebige Hohlform. Am besten legt man sich eine ganze Kollektion von Dosen und Behältern zu.

Docht

Sehr wichtig ist der richtige Docht. Die Dicke des Dochtes und der Durchmesser der Kerze müssen harmonieren, damit die Kerze gut brennt und ein schönes Licht gibt. Im Handel sind runde, flache oder vierkantige Dochte jeder Stärke und Länge erhältlich.
Für kleine, dünne Kerzen wählt man runde oder flache Dochte, für Kerzen mit mindestens 5 cm Durchmesser einen Runddocht in entsprechender Stärke. Ein zu dünner Docht würde die Kerze aushöhlen, während ein zu dicker sie rußen läßt. Für das richtige Abbrennen ist auch die Laufrichtung des Dochtes wichtig. Er muß wie eine Kornähre geflochten nach oben zeigen, manchmal hat er oben eine Markierung. Außerdem gibt es für niedrige Gießformen ohne Bodenloch versteifte Dochte mit einem Bleifuß als Ständer.

Einölen

Vor dem Wachsgießen muß die Form vorbereitet werden. Es ist wichtig, die Form innen dünn mit Speiseöl auszupinseln, damit sich die Kerze später gut lösen läßt. Als Trennmittel gibt es auch ein Spezialspray.

Einziehen des Dochtes

In eine gekaufte Gießform wird der Docht laut Anweisung durch das Loch im Boden gezogen, durch die Form geführt, oben befestigt oder an einem darüberliegenden Stäbchen verknotet. Bei Konservendosen und anderen Behältern muß erst ein Loch in den Boden gebohrt werden. Als Halterung verwendet man kleine Holzstäbchen. Unbedingt zu beachten ist, daß der Docht in der richtigen Laufrichtung straff in der Mitte der Form sitzt. Das Loch am Boden kann mit etwas Klebwachs abgedichtet werden. Bei Formen ohne Boden faltet man aus Alufolie einen Boden mit Rand. Der Docht wird dann mit Klebwachs am Boden befestigt, oder man verwendet einen Docht mit Bleifuß.

Kerzenherstellung

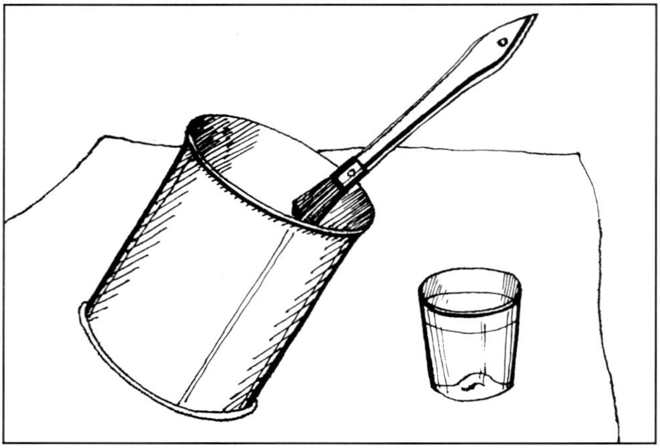

Will man runde Kerzen herstellen, nimmt man am besten Konservendosen als Gießform. Eventuell überstehende Ränder werden mit einer Metallschere entfernt. Die Gießform innen dünn mit Öl einpinseln.

In die Bodenmitte der Gießform mit Hilfe eines Milchdosenöffners und eines Hammers ein Loch stechen. Einen in der Länge passenden Docht hindurchziehen und außen am Boden verknoten. Das Loch mit etwas Klebwachs abdichten.

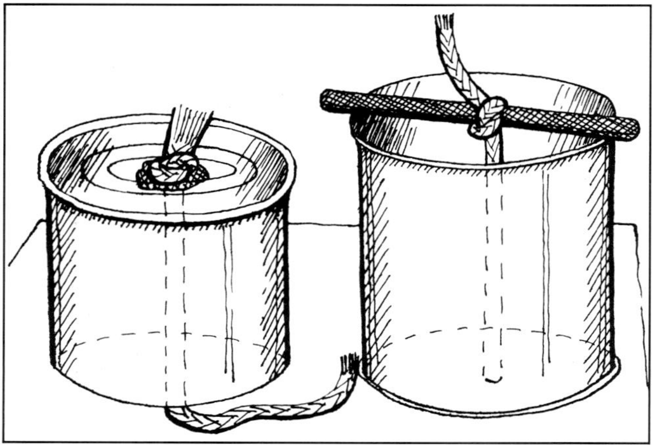

Ein Stäbchen, eine Stricknadel oder einen Bleistift oben auf die Gießform legen und daran den Docht so verknoten, daß er straff in der Mitte der Form sitzt.

Kerzengruppe

Wachs in der Schmelzdose im Wasserbad erhitzen. Ist es ganz geschmolzen, rührt man es um und gießt es aus der Dose in die Gießform. Topflappen benutzen! Zuerst vorsichtig den Boden bedecken und dann die Form bis fast an den Rand füllen. Etwas Wachs übriglassen.

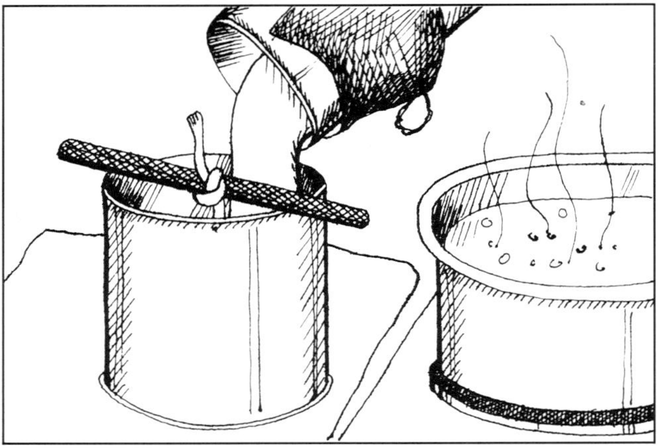

Das Wachs abkühlen lassen. Nach einiger Zeit sinkt es um den Docht herum etwas ab. Diese Kuhle mit dem restlichen, wieder erhitzten Wachs auffüllen. Dabei beachten, daß das Wachs in der Form noch warm und weich ist, damit es sich mit dem nachgegossenen Wachs verbindet.

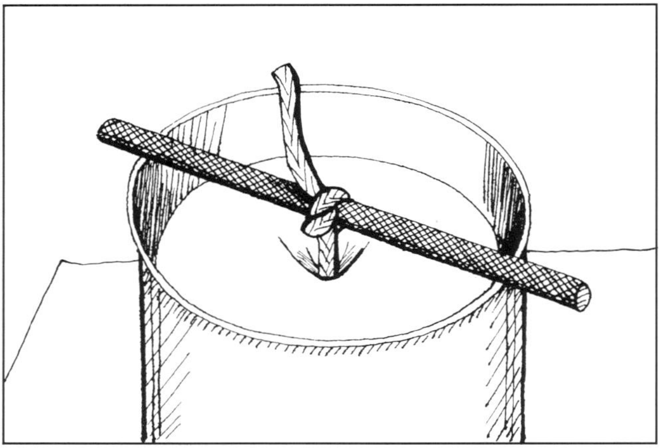

Beim Abkühlen können sich auch Luftlöcher bilden. Deshalb sticht man nach ca. 1 Stunde mit einer Stricknadel dicht neben dem Docht in das Wachs und füllt eventuelle Löcher vorsichtig auf.

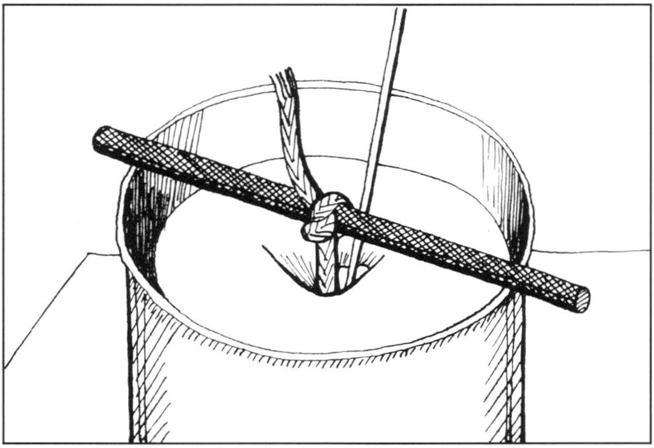

Die Kerze ganz kalt und hart werden lassen – am besten über Nacht. Soll es etwas schneller gehen, stellt man die Gießform in ein Gefäß mit kühlem Wasser. Sie sollte bis zum Rand im Wasser stehen und eventuell beschwert werden.

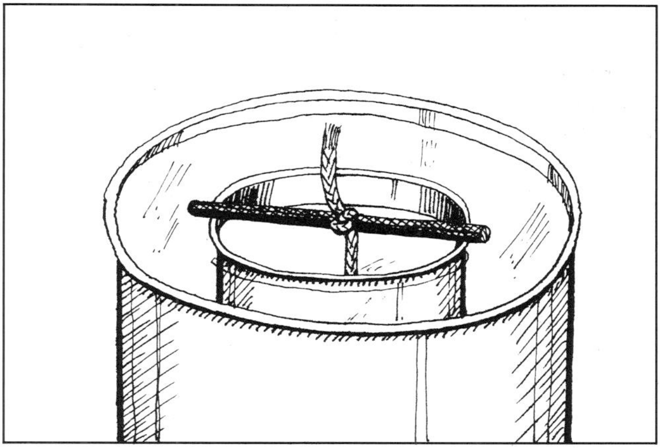

Zum Entfernen der Kerze aus der Form den Knoten am Boden abschneiden und das Stäbchen entfernen. Die Kerze am Docht herausziehen. Sollte sie sich nicht gleich lösen, die umgedrehte Form leicht auf die Arbeitsplatte schlagen.

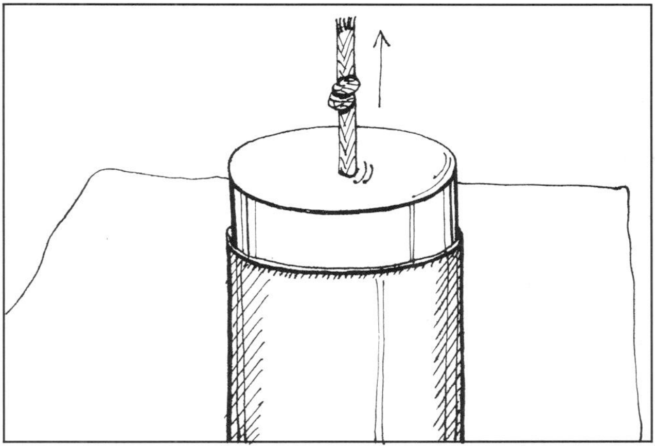

Sollte die Kerze sich noch immer nicht aus der Form lösen, taucht man sie in heißes Wasser. Dabei wird die Kerze am Docht gehalten und aus der Dose gezogen. Da am Rand etwas Wachs wegschmilzt, wird die Oberfläche der Kerze leicht matt.

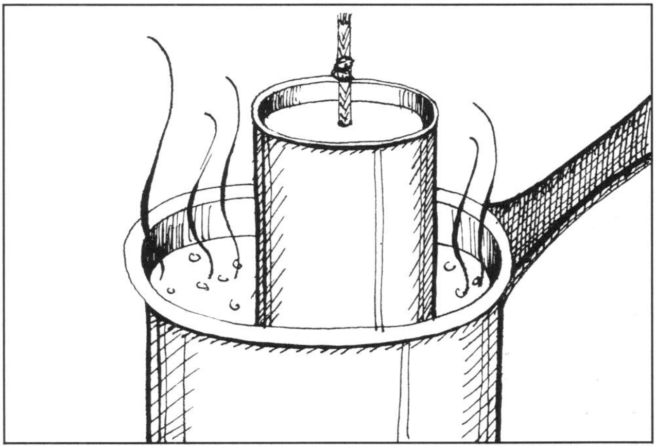

Eventuelle Nahtstellen an der Kerze, die durch die Gießform entstanden sind, werden mit einem Messer entfernt.

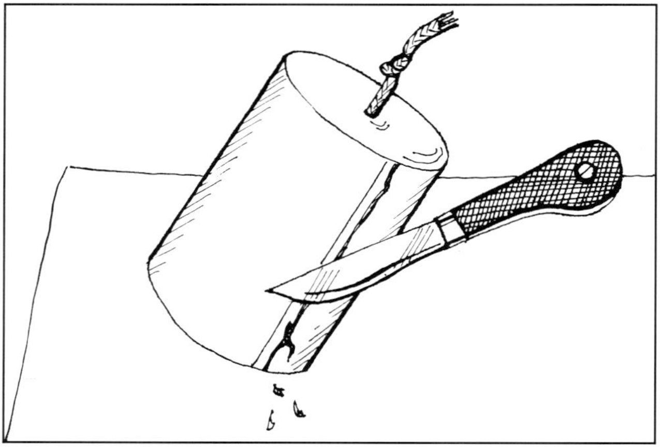

Den unten überstehenden Docht abschneiden und oben auf ca. 1 cm Länge kürzen.

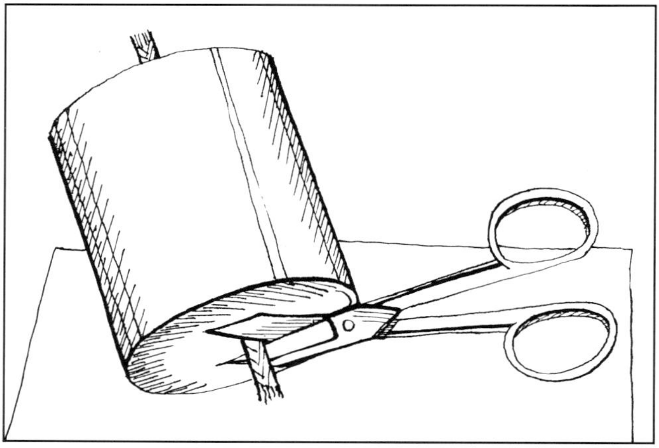

Ist der Boden der Kerze nicht ganz eben, schneidet man ihn mit einem Messer gerade. Leichter geht es, wenn man die Kerze über Wasserdampf hält, um das Wachs geschmeidiger zu machen.

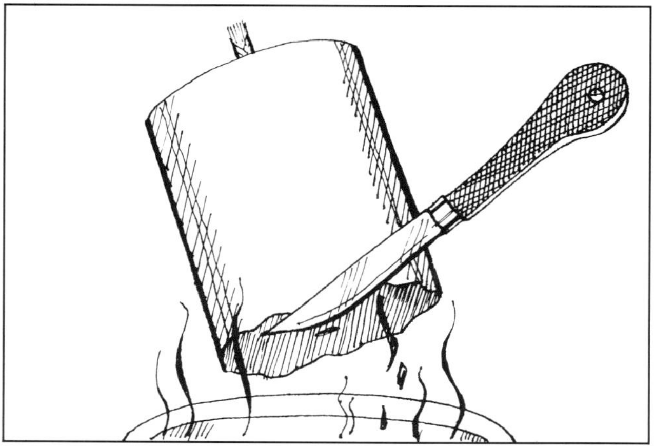

Schichtkerzen

Schichtkerze

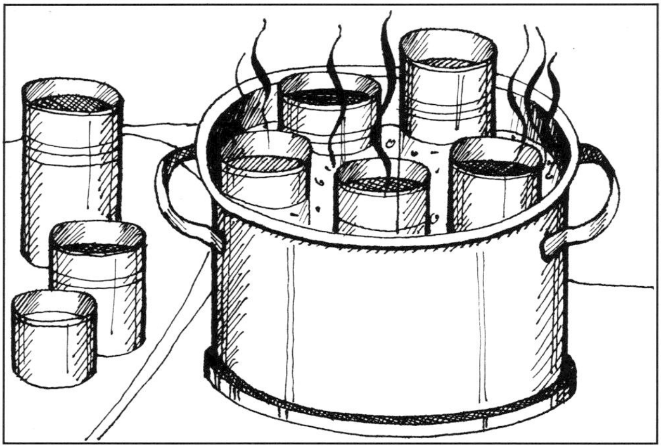

Mehrere Dosen mit verschiedenfarbigem Wachs werden gleichzeitig im Wasserbad erhitzt.

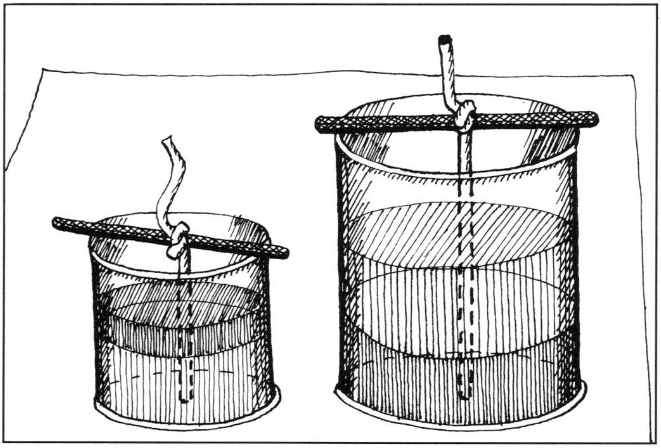

Das erhitzte Wachs wird schichtweise in die vorbereiteten Gießformen gefüllt.

Für Schichtkerzen viele Schmelzdosen mit verschiedenfarbigem Wachs bereitstellen. In einem großen Topf kann man das Wachs in den Dosen gleichzeitig im Wasserbad heißhalten.
In die vorbereitete Gießform das erhitzte Wachs in gewünschter Höhe gießen. Diese untere Schicht abkühlen lassen, bis die Oberfläche gummiartig und noch warm ist. Jetzt darauf sehr sorgsam die zweite Schicht mit nicht zu heißem Wachs gießen und ebenso die weiteren Schichten. Bei der letzten Schicht ein wenig Wachs zum Ausgießen der Mulde übriglassen. Wenn die Kerze völlig abgekühlt ist, aus der Form lösen.

Schwimmkerze

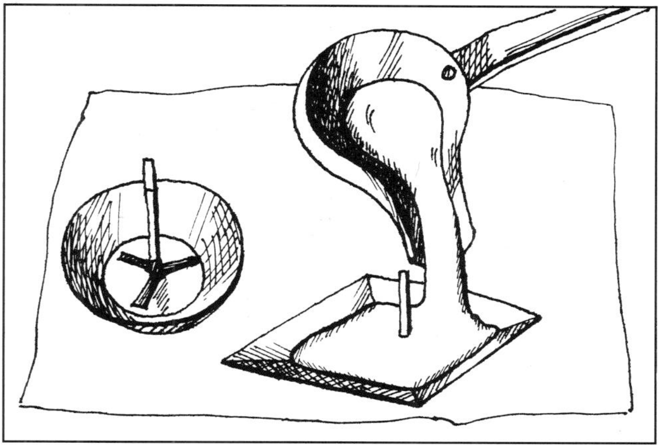

Pralinenförmchen dünn mit Öl auspinseln und einen Docht mit Bleifuß in die Mitte setzen. Wachs erhitzen und vorsichtig mit einer Schöpfkelle in die Förmchen gießen. Die erkaltete Kerze am Docht aus der Form ziehen.

Kuchenkerze

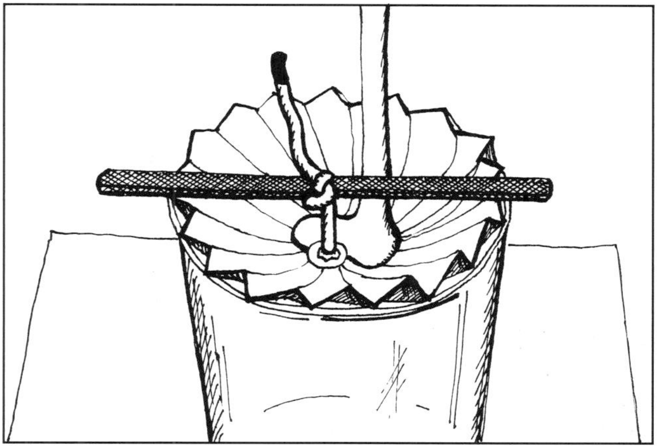

In den Boden der Kuchenform ein Loch stechen, den Docht durchziehen und am Stäbchen befestigen. Die Form in ein passendes Glas setzen, so daß sie waagerecht steht und nicht wackelt.
Wachs bis zum Rand in die Form gießen. Nach dem Erkalten den „Wachskuchen" am Stäbchen aus der Form ziehen und den Docht abschneiden.

Variante

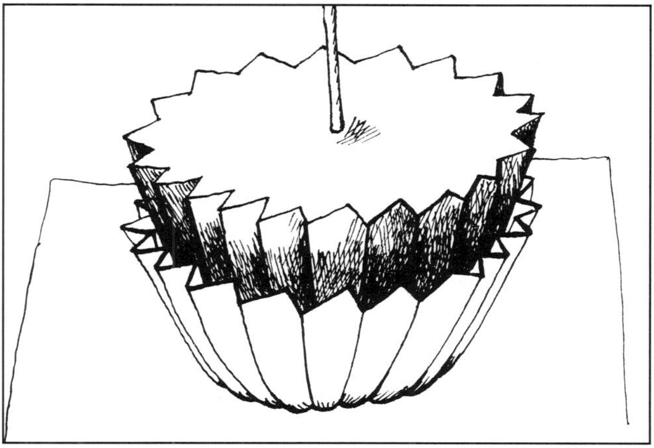

Man kann die Kuchenform auch ohne Docht mit Wachs füllen, nach dem Erkalten mit einer heißen Stricknadel ein Loch durch das Wachs bohren und einen steifen Docht einziehen.

Schwimmkerzen

Kuchenkerzen

Sternkerze

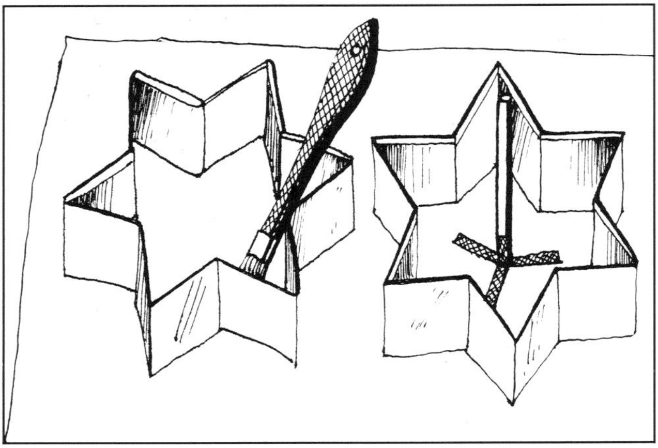

Ausstechformen innen dünn mit Öl einpinseln und auf Alufolie setzen. Darauf achten, daß die Formen am Untergrund abschließen. In die Mitte der Sterne Dochte mit Bleifuß setzen.

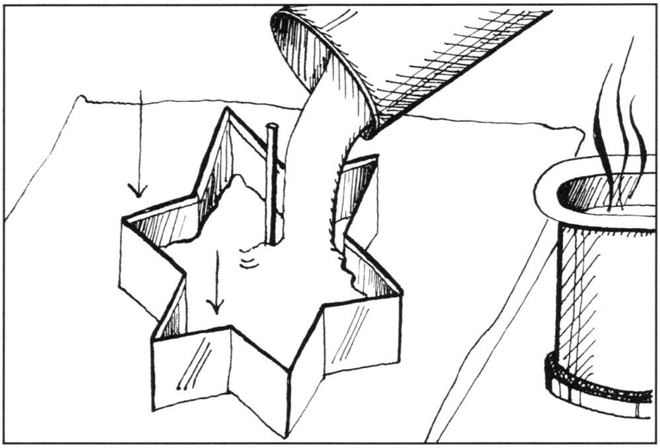

Wachs erhitzen und, wenn es etwas abgekühlt ist, vorsichtig in die Form gießen. Dabei die Form fest an den Untergrund drücken, damit kein Wachs ausläuft.
Man kann auch Wachs in die Form gießen und in das etwas abgekühlte Wachs einen steifen Docht stecken.

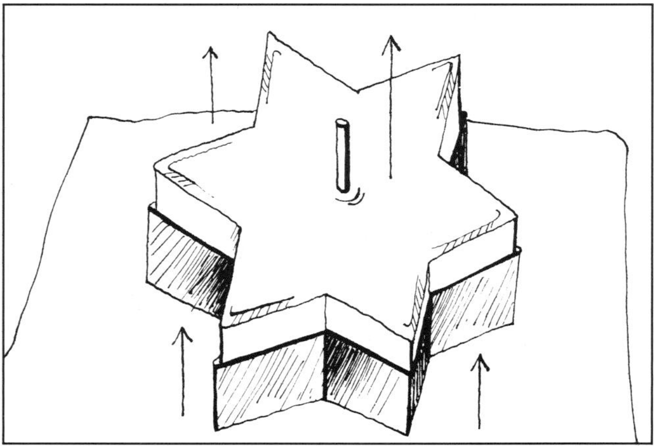

Das Wachs ganz fest werden lassen und den Stern aus der Form drücken. Löst sich der Stern nicht, die Form kurz in heißes Wasser tauchen, so daß das Wachs etwas schmilzt und der Stern herausrutscht.

Sternkerzen

Mosaikkerzen

Herzkerzen

Sandkerze

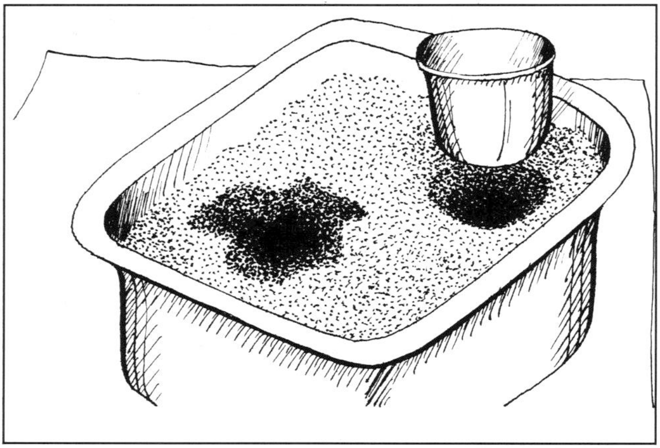

Sand in einen Behälter schütten und Wasser dazugeben. Der Sand muß feucht (nicht naß) sein, damit er sich gut formen läßt. Mit der Hand eine Kuhle aus dem Sand herausholen und formen oder mit einem Gefäß eine Vertiefung eindrücken.

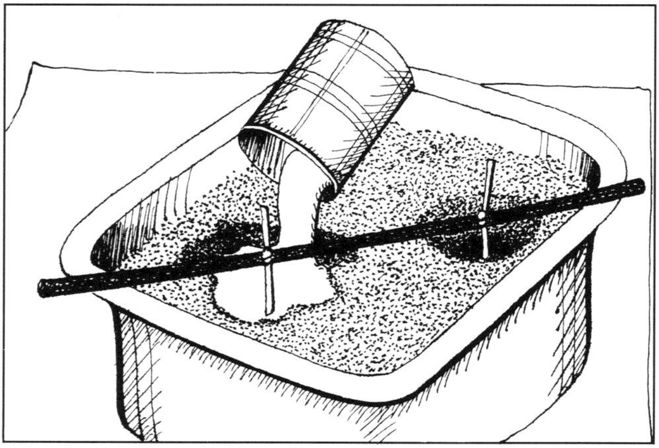

Über den Rand des Behälters einen längeren Stab legen, einen Docht daranknoten, in die Mitte über die Kuhle hängen und in den Sand stecken. Sehr heißes Wachs in die Vertiefung gießen, abkühlen lassen und eventuelle Löcher auffüllen. Über Nacht erstarren lassen und herausnehmen.

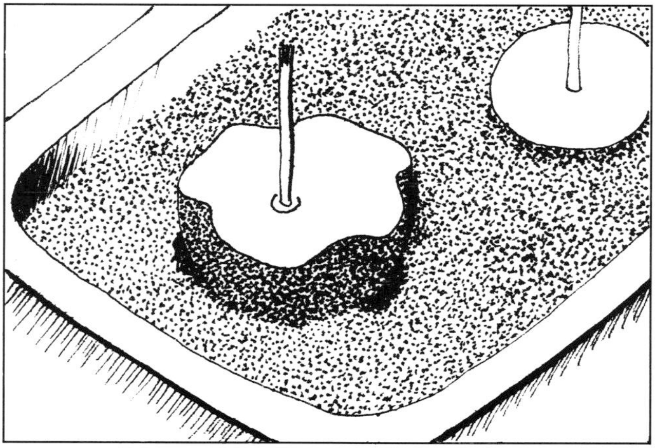

Das Stäbchen herausziehen und den Knoten lösen. Die Kerze am Docht aus der Kuhle ziehen und vorsichtig so schütteln, daß nur der haftende Sand als dekorative Schicht an der Kerze bleibt.

Sandkerzen

Mantelkerze

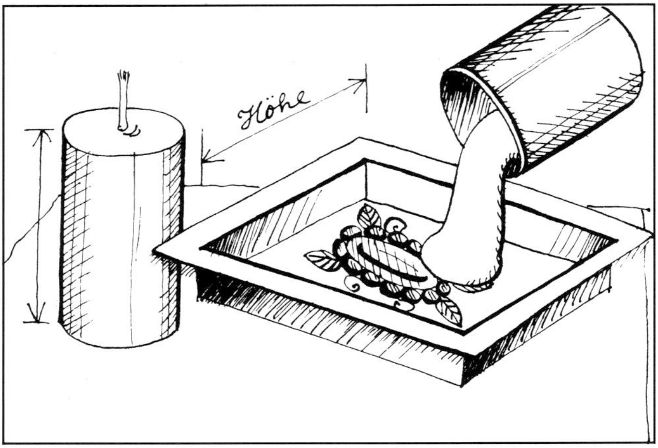

Eine einfache Kerze wird mit einem Relief geschmückt. Dazu nimmt man eine spezielle Mantelform oder einen Linolschnitt, passend zu Höhe und Durchmesser der Kerze. Erhitztes Wachs in die eingeölte Reliefform gießen.

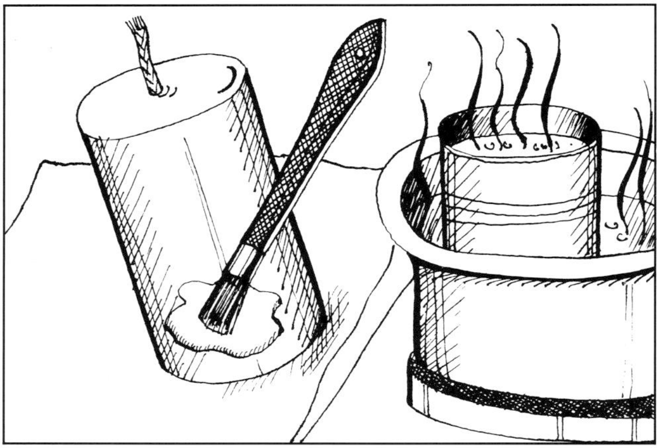

Je nach Größe der Kerze ein oder zwei Rollen Klebwachs in einer Dose im Wasserbad flüssig werden lassen. Mit einem Pinsel die Kerze rundherum mit heißem Klebwachs einstreichen.

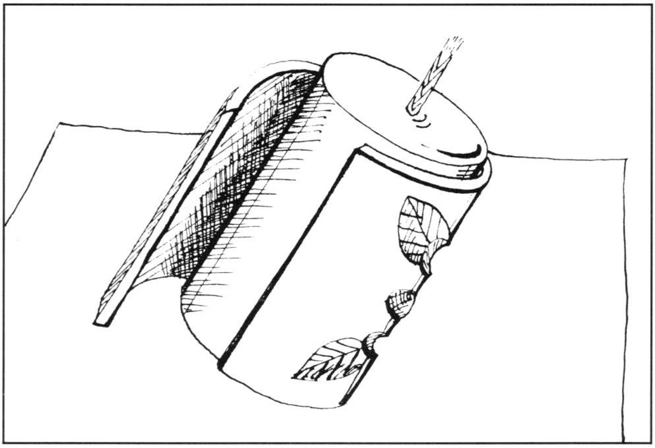

Das erhärtete Relief aus der Form lösen und in ein Gefäß mit warmem Wasser legen. Ist das Wachs etwas erwärmt, biegt man das Relief und legt es um die Kerze. Durch das Klebwachs haftet der Mantel fest auf der Kerze. Überstehendes Wachs mit einem Messer abschneiden.

Mantelkerze

Kerzen glasieren, tauchen, bemalen, strukturieren

Fertige Kerzen können mit einem Stück Perlon schön blank gerieben werden.
Man kann Kerzen auch „glasieren", indem man sie am Docht hält und kurz in heißes Wasser taucht. Dadurch erhalten sie eine mattglänzende „Glasur".
Taucht man sie in kochendheißes Wasser, bekommt die Oberfläche durch die Luftbläschen und das herablaufende Wachs eine interessante Struktur.
Taucht man Kerzen ganz oder teilweise in andersfarbiges Wachs, werden sie zweifarbig. Beim Eintauchen ist darauf zu achten, daß das Wachsbad nicht überschwappt.
Man kann die Kerzen auch mit heißem Wachs begießen oder bemalen. Das flüssige Wachs wird mit einem Pinsel auf die Kerze gestrichen. Ist das Wachs sehr heiß, werden die Striche glatt; ist es kühler, erhält die Kerze eine rauhe Außenschicht.

Verzierwachs

Materialien
Wachsfolien
Wachsdekor
Glasplatte oder Brett
Lineal
Messer
Schere
Ausstecher
Papier und Pauspapier
Bleistift

Zum Schmücken von Kerzen und gegossenen Wachsformen gibt es hauchdünne Wachsfolien in vielen, abgestuften Farbtönen. Man kann mit Messer und Schere dekorative Formen ausschneiden oder mit Ausstechern oder Gläsern ausstechen. Es können auch Muster mit Transparent- und Pauspapier übertragen werden. Wenn die Folie etwas erwärmt ist, haftet sie ohne Klebwachs auf dem Untergrund. Es gibt auch fertig vorgestanzte, plastische Wachsornamente, mit denen man einfache Kerzen hübsch verzieren kann.

Weihnachtskerzen

Geschenkanhänger

Formen ausstechen

Die Folie bei Zimmertemperatur geschmeidig werden lassen und auf eine Glasplatte oder ein Brett legen. Einen Ausstecher auf die Folie setzen und fest auf die Unterlage drücken, so daß die Form sich klar aus dem Wachs trennt.

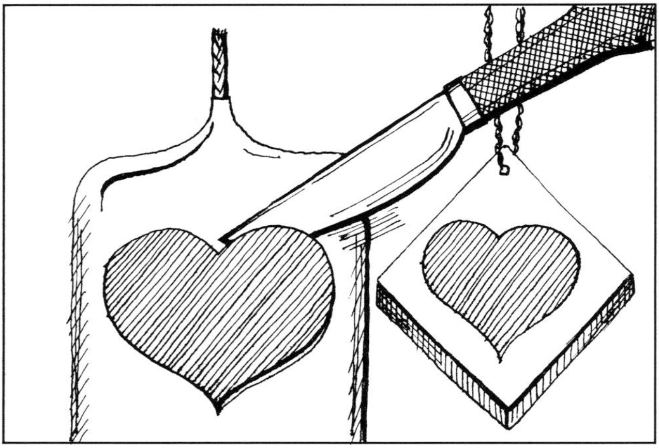

Die ausgestanzte Form mit einer Messerspitze an einer Ecke anheben und vom Glas lösen. Die Folie nun auf eine Kerze oder einen gegossenen Anhänger setzen, fest andrücken und glattstreifen. Man kann auch mehrere Wachsschichten übereinanderkleben.

Formen mit dem Messer schneiden

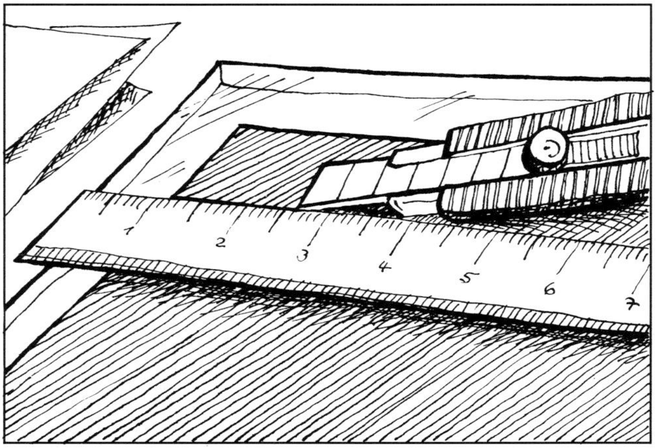

Zum Streifenschneiden legt man ein Lineal parallel auf die Folie und schneidet zügig am Lineal entlang. Geometrische Formen wie Vierecke und Dreiecke werden auch mit Hilfe eines Lineals oder frei aus der Hand geschnitten.

Formen mit der Schere schneiden

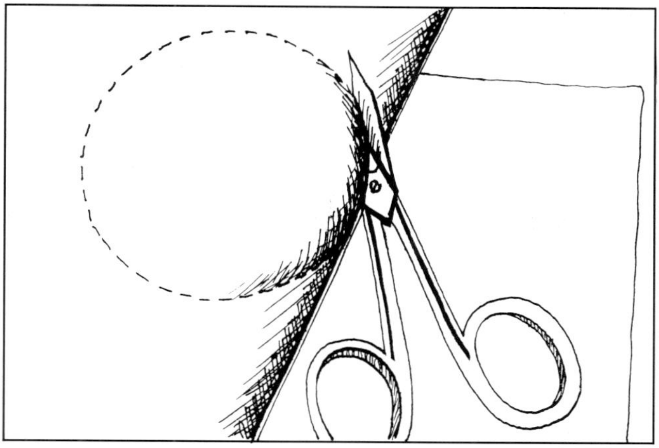

Freiere Formen, Rundungen und Ornamente schneidet man mit einer kleinen Schere aus, indem man die Folie wie ein Papier in die Hand nimmt.

Formen vorzeichnen

Ornamente auf Papier zeichnen und auf Transparentpapier übertragen oder von Vorlagen abzeichnen. Mit Pauspapier auf die Wachsfolie übertragen oder direkt mit einem Bleistift durchdrücken. Mit kleiner Schere ausschneiden.

Formschablonen

Schablonen aus dickerem Papier zuschneiden, auf die Folie legen, mit Bleistift oder einer Nadel die Form am Rand entlang nachziehen und mit der Schere ausschneiden. Kreise mit dem Zirkel ziehen, ausschneiden und das Einstichloch glattstreifen.

Wachsdekor

Wachsdekor ist ein hübscher, einfacher Schmuck für eine Kerze. Es ist abgepackt in vielen Ornamenten und Größen erhältlich. Die Teile sind aus Wachs ausgestanzt und geprägt und kleben leicht auf jedem Wachsuntergrund. Es gibt Herzen, Sterne, Blumen, Schleifen, Tannenzweige und viele andere Ornamente. Die Dekorteile haften auf dem Papier, werden mit einer Messerspitze abgehoben, auf eine Kerze gesetzt und angedrückt. Vor dem endgültigen Andrücken noch einmal den Sitz auf der Kerze prüfen. Die Ornamente kann man einzeln, aufgereiht, gruppiert oder zu Mustern angeordnet ganz nach eigener Phantasie aufkleben.

△ Stimmungsvoll
mit Wachs dekoriert

◁ Weiße Kerzen mit
buntem Wachsdekor

Kerzenblume

Modellierwachs

Materialien
Modellierwachs
Glasplatte
Modellierholz
Holzstäbchen
Stricknadel
Schere

Zum Modellieren von kleinen Gegenständen, Figuren und plastischen Verzierungen von Kerzen gibt es Modellierwachs in vielen, leicht glänzenden Farben. Es wird in der Hand weichgeknetet und durch die Wärme geschmeidig und formbar. Wenn das modellierte Wachs wieder erkaltet, erstarrt die Form und bleibt haltbar, sollte aber nicht Sonne und Hitze ausgesetzt werden. Plastische Ornamente haften gut auf Wachs, sie sind ein hübscher Kerzenschmuck. Zum Formen kann man auch ein Modellierholz nehmen.

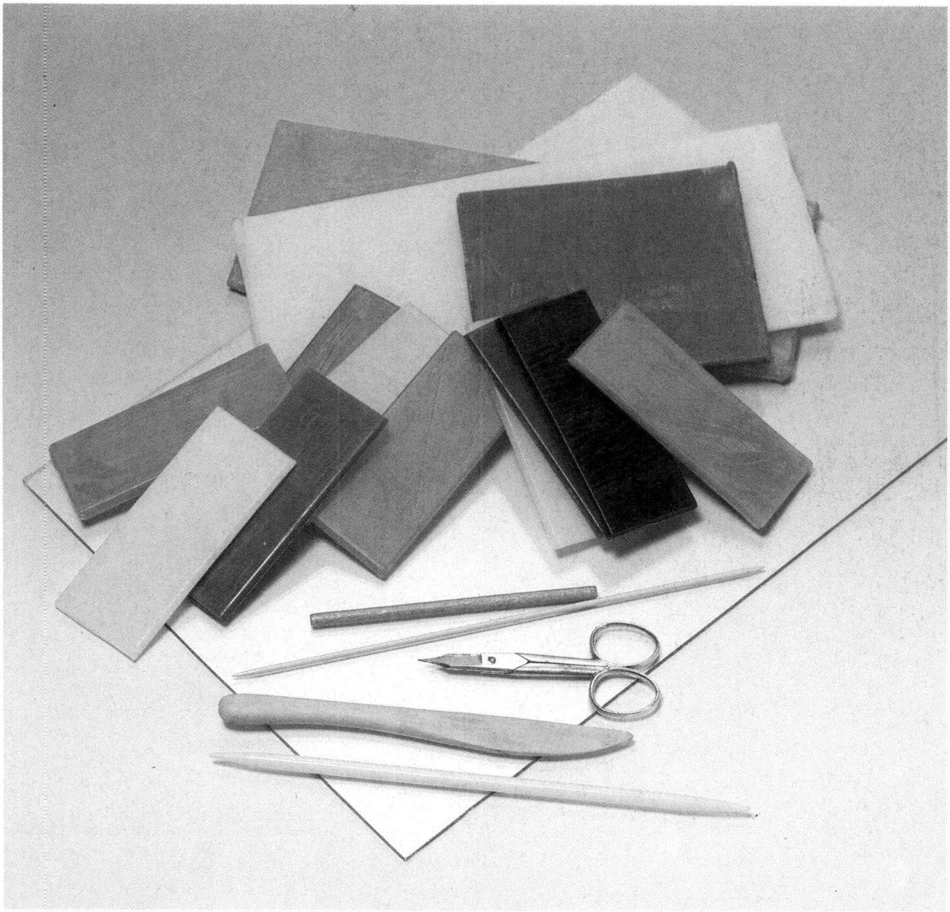

Vor Beginn der Arbeit legt man das Wachs am besten ins warme Zimmer, damit es sich leichter kneten läßt. Richtig weich und gut formbar wird es dann durch die Handwärme. Man reißt von der Knetwachstafel ein Stück ab und knetet es in den Händen. Dabei spürt man, daß das Wachs immer weicher und geschmeidiger wird. Sollte das Wachs jedoch hart bleiben, legt man es in die Sonne, in die Nähe der Heizung oder in warmes Wasser. Am sinnvollsten ist es, kleine Kugeln zu kneten, denen man immer mehr Wachs hinzufügt. Ist diese Kugel geschmeidig genug, kann man alle anderen Formen daraus entwickeln. Während der Arbeit bleibt das Wachs weich und läßt sich gut modellieren. Sollte die erhärtete, fertige Arbeit nicht gefallen, kann man das Wachs wieder erweichen, indem man es knetet oder in warmes Wasser legt.

Blumenranke

Blütenkerze

Für die Blätter von einer grünen Wachstafel ein Stück abreißen und zur Kugel kneten. Davon ein kleines Stück abnehmen, flachdrücken, zu einem länglichen Blatt formen und die Seiten etwas hochbiegen.

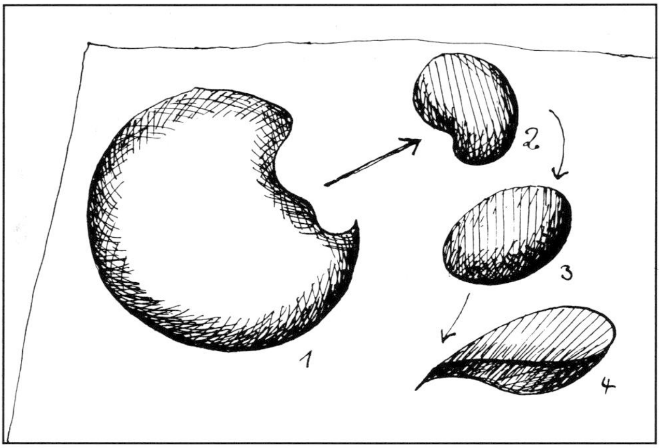

Für die Blütenblätter von einer Wachstafel in passender Farbe ein Stück abreißen und weichkneten. Davon ein kleines Stück zu einer Kugel formen, flachdrücken und eine Seite etwas hochbiegen.

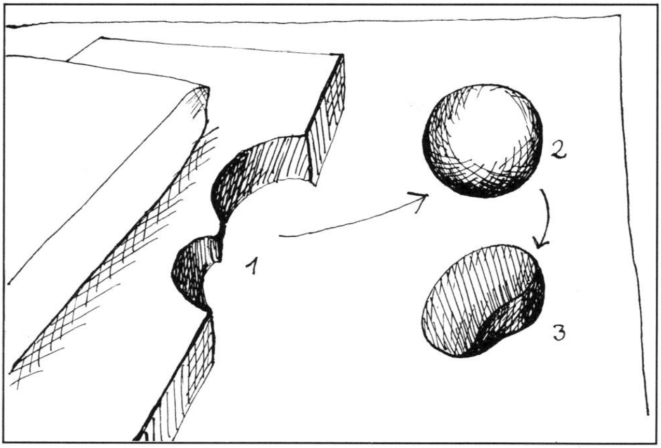

Die Blätter mit einer Hälfte fest auf die Kerze drücken, so daß sie plastisch abstehen. Dabei unten beginnen und sie neben- und übereinandersetzen. Oben sitzt die Blüte mit einer Kugel in der Mitte und kleinen Kugeln als Schmuck. Die Kerze rundherum dekorieren.

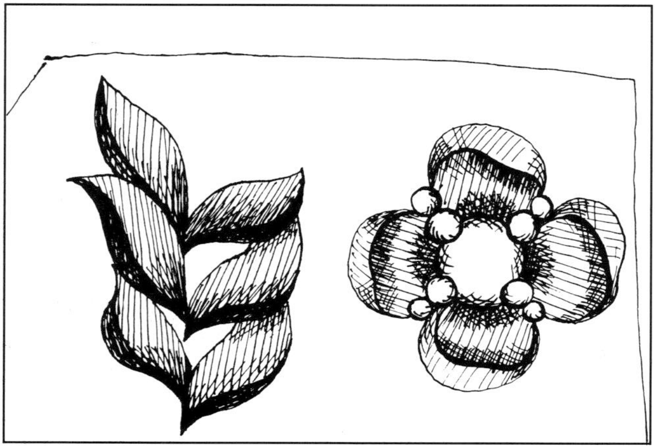

Blütenkerze

Früchtekranz

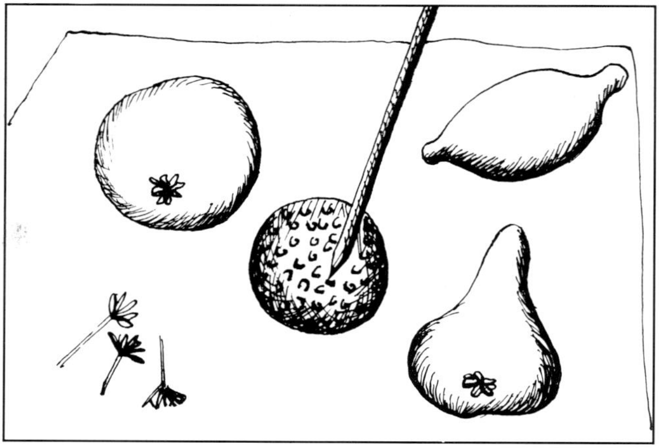

Früchte aus Kugeln kneten. Äpfel und Birnen werden an einer Seite mit einer Nelke geschmückt. Die Struktur der Orangenschale entsteht mit Hilfe einer Stricknadel. Zitronen werden an den Seiten leicht verlängert.

Für die Blumen Blütenblätter aus flachgedrückten Kugeln biegen und um eine Kugel mit Nelken kleben. Beeren werden oval und stiftförmig geknetet und können mit Körnern besteckt werden. Blätter länglich modellieren. In Beeren und Blätter Nadeln stecken.

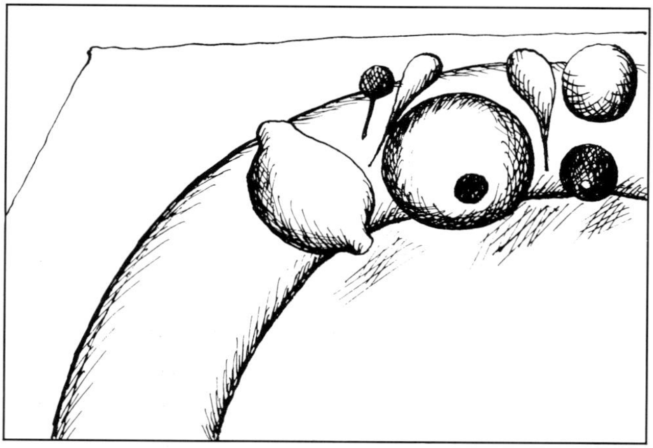

Für die Kranzunterlage 1 cm dicke Würste formen und zu einem Kreis zusammensetzen. auf Folie legen und unten flachdrücken. Blumen und Früchte darauf arrangieren und fest in das Wachs drücken, eventuell etwas Klebwachs nehmen. Beeren und Blätter mit den Nadeln dazwischenstecken.

Früchte, Blumen, Beeren und Blätter dieses dekorativen Kranzes werden aus Knetwachs modelliert. Er duftet sogar, wenn die Früchte noch mit Gewürznelken, Wacholderbeeren und Körnern geschmückt werden. Je nach Phantasie arrangiert man die bunten Früchte und Blumen und steckt dazwischen grüne Blätter und farbige Beeren. Die Anzahl der Teile richtet sich ganz nach Größe und Aussehen, man fängt einfach an und ergänzt die Arbeit, bis der Kranz dicht gefüllt ist. Der Untergrund besteht aus einem Kreis aus Knetwachs, auf dem die Blumen und Früchte gut haften, die Blätter und Beeren werden mit einer Stecknadel oder einem kleinen Stück Blumendraht hineingesteckt.

Anhänger für den Tannenbaum

Tannenbaumanhänger

Lustig sind auch Tannenbaumanhänger aus Knetwachs. Das Wachs wird weichgeknetet und zu Kugeln, Kegeln, Würfeln, Herzen oder vielen anderen Formen modelliert. Die Anhänger können noch bunt verziert werden. Dazu rollt man kleine Würstchen und formt sie zu Streifen, Zickzacklinien oder Schleifen und setzt dazwischen kleine Kügelchen, ganz nach eigener Idee, Geschmack, Belieben. Ein Stückchen Draht wird gebogen und als Aufhänger in das Wachs gesteckt. Man kann sich durch alten volkstümlichen Weihnachtsschmuck anregen lassen oder Backwaren, Spielzeug und Oblaten nachformen. Zum Schluß wird ein Stück Draht gebogen und als Aufhänger in das Wachs gesteckt.

Reihe »Kreative Freizeit«

Angelika und Jürgen Orthaus
Stoffe bemalen mit Schablonen

Oster- und Weihnachtsmotive, grafische Muster, Blüten, Früchte und viele andere Motive können mittels Schablonen-Vorlagen ganz einfach nachgearbeitet werden.

64 Seiten

ISBN 3-332-00695-9

Oskar Batek
Handpuppen
Herstellung – Spiel – Requisiten

Alles über den Bau von Handpuppen, die Anfertigung der Kostüme, die Herstellung der Requisiten und den Bühnenbau.

64 Seiten

ISBN 3-332-00701-7

Christel Claudius
Wachsarbeiten

Zahlreiche Anregungen für Reliefbilder oder Model, Schichtkerzen, Schwimmkerzen, Sandkerzen sowie Bilder und Kränze aus Modellierwachs.

64 Seiten

ISBN 3-332-00697-5

Marion Lowalt
Teddybären
24 Vorlagen für Kreuzstich

Das Lieblings-Kuscheltier tummelt sich auf Kissen, Sets, Lätzchen, Nadelkissen und Grußkarten.

64 Seiten

ISBN 3-332-00690-8

Angelika und Jürgen Orthaus
Fensterbilder
Neue Ideen und Motive

Über ein Dutzend verschiedene Motive zum Nacharbeiten.

64 Seiten

ISBN 3-332-00692-4